BEI GRIN MACHT SICH IHR WISSEN BEZAHLT

Bibliografische Information der Deutschen Nationalbibliothek:

Die Deutsche Bibliothek verzeichnet diese Publikation in der Deutschen National-
bibliografie; detaillierte bibliografische Daten sind im Internet über http://dnb.d-
nb.de/ abrufbar.

Impressum:

Copyright © 2019 GRIN Verlag
Druck und Bindung: Books on Demand GmbH, Norderstedt Germany
ISBN: 9783346098573

Dieses Buch bei GRIN:

https://www.grin.com/document/512393

Stefan S.

Die qualitative Untersuchung. Leitfadeninterview, Fallauswahl, Inhaltsanalyse

GRIN Verlag

GRIN - Your knowledge has value

Der GRIN Verlag publiziert seit 1998 wissenschaftliche Arbeiten von Studenten, Hochschullehrern und anderen Akademikern als eBook und gedrucktes Buch. Die Verlagswebsite www.grin.com ist die ideale Plattform zur Veröffentlichung von Hausarbeiten, Abschlussarbeiten, wissenschaftlichen Aufsätzen, Dissertationen und Fachbüchern.

Besuchen Sie uns im Internet:

http://www.grin.com/

http://www.facebook.com/grincom

http://www.twitter.com/grin_com

Einsendeaufgabe

Wissenschaftliches Arbeiten – Vertiefung 1

Alternative C

Die qualitative Untersuchung:

Leitfadeninterview, Fallauswahl, Inhaltsanalyse

hochgeladen am 18.12.2019

Modul: Wissenschaftliches Arbeiten – Vertiefung 1

Studiengang: B. Sc. Psychologie

von

Stefan S.

Inhalt

Abbildungsverzeichnis

Anlagenverzeichnis

1 Aufgabe C1: Die Konzeption eines qualitativen Interviewleitfadens

Im folgenden Unterkapitel 1.1 wird vorerst das qualitative Leitfadeninterview definiert und in das Spektrum der qualitativen Interviewformen eingeordnet. Unterkapitel 1.2 befasst sich mit der Auswahl der Fragen, die im Interview gestellt werden und die Bedeutung dahinter. Abschließend zu Kapitel 1 wird in Unterkapitel 1.3 das Vorgehen im Rahmen einer empirischen Untersuchung verdeutlicht. Hierfür werden zuerst die Rahmenbedingungen und das grobe Vorgehen beschrieben, worauf eine Vorstellung der untersuchten Personengruppe folgt. Danach werden die qualitative Stichprobe und die Durchführung der Interviews genauer erläutert. Letztendlich wird aufgezeigt, mit welcher Methode die Interviews ausgewertet werden können.

1.1 Qualitative Leitfadeninterviews

Ob Interviews, Beobachtungen, Inhaltsanalysen oder qualitative Experimente: sie sind alle Formen der qualitativen Datenerhebung, die durch eine hohe Gegenstandsnähe, das Ziel einer präzisen Fallbeschreibung verfolgen.[1] Das Interview wird dabei am häufigsten als Forschungsinstrument zur Gewinnung von Informationen eingesetzt, wobei man hier zwischen drei Formen unterscheiden muss: das standardisierte, halbstandardisierte und nichtstandardisierte Interview.[2] Da sich diese Einsendeaufgabe allerdings unteranderem mit der Konstruktion und Konzeption eines qualitativen Interviewleitfaden (siehe Anlage 1 in Anlagen) befasst, wird im folgenden Verlauf lediglich das halbstandardisierte Interview besprochen.

Das Thema des Interviews ist die Kundenbindung bei Abonnementzeitungen. Ziel dieser Datenerhebung sind konkrete Aussagen von ausgewählten Rezipienten, zu verschiedenen Themenbereichen von Abonnementzeitungen. Solche verbalen Daten werden in der qualitativen Forschung am effektivsten mithilfe eines Leitfadeninterviews gesammelt.[3] Sie gehören zu den halbstandardisierten Interviewformen und bezeichnen jegliche Art der Datenerhebung, die mithilfe eines vorformulierten Leitfadens durchgeführt wird.[4] Auch das Leitfadeninterview lässt sich in weitere Formen unterteilen, wobei die

---

[1] Vgl. Misoch (2019), S. 12-13
[2] Vgl. Westhoff/Strobel (2017), S. 838-839
[3] Vgl. Flick (1999), S. 114
[4] Vgl. Misoch (2019), S. 65

beiden Hauptformen das problemzentrierte und fokussierte Interview sind. Während sich das problemzentrierte Interview mit spezifischen gesellschaftlichen Problemen befasst, bezieht sich das fokussierte Interview auf die Reaktionen und Meinungen von Befragten auf bestimmte Objekte, wie in diesem Fall die Abonnementzeitungen.[5] Der Leitfaden dient dem Interviewer als inhaltliche Orientierung, um während des überwiegend freien Gespräches mit dem Interviewten nicht zu weit von der Hauptthematik abzuweichen und eine Vergleichbarkeit der Ergebnisse mehrerer Rezipienten zu gewährleisten.[6] Dieser Leitfaden wird bereits vor Untersuchungsbeginn angefertigt, sodass relevante Aspekte des Themas, die unbedingt in das Gespräch miteinfließen müssen, rechtzeitig identifiziert werden.[7] Zu beachten ist hierbei die Formulierung von offenen Fragen, sodass genug Spielraum für die Beantwortung bleibt und sich der Interviewte nicht zu sehr in seinen Antwortmöglichkeiten eingeschränkt fühlt. Es ist dem Interviewer in Bezug auf das eben gesagte selbst überlassen zu entscheiden, wann eine Antwort zu ungenau oder nicht themenorientiert ist.[8] Um das Gespräch dann wieder zum Kernthema hinzuführen, kann der Interviewer auf Nebenfragen oder Stichwörter zurückgreifen.

Es lassen sich drei Arten von Fragen unterscheiden: einleitende Fragen, Leitfadenfragen und Nachfragen. Einleitende Fragen werden meist vor Beginn des eigentlichen Interviews gestellt, um die Stimmung zwischen dem Interviewer und dem Interviewten zu entspannen und den Gesprächspartner auf die Situation einzugewöhnen. Die Leitfadenfragen bilden die Kernthematik und sind wie bereits erwähnt das Gerüst des Interviews an denen sich der Fragende orientieren kann. Falls eine Antwort zu oberflächlich ist, kann man sie durch Nachfragen weiter ausführen und nicht vorher eingeplante Aspekte vertiefen.[9]

Der hohe Grad an Offenheit und Kommunikation in qualitativen Interviewgesprächen, forciert den Interviewer dazu, sich bei den Fragen inhaltlich am Befragten zu orientieren und diese so zu formulieren, dass sie Erzählungen anregen.[10] Die Offenheit des Gespräches in einem Leitfadeninterview hat im Gegensatz zu anderen Interviewformen den Vorteil, dass man mit der Antwort auch einen Einblick in persönliche Interessensschwerpunkte und Erfahrungen des Gesprächspartners bekommt. Andererseits haben

---

[5] Vgl. Hussy/Schreier/Echterhoff (2013), S. 226
[6] Vgl. Misoch (2019), S. 66
[7] Vgl. Hussy/Schreier/Echterhoff (2013), S. 225
[8] Vgl. Flick (1999), S. 112-113
[9] Vgl. Hussy/Schreier/Echterhoff (2013), S. 225-226
[10] Vgl. Kruse (2017), S. 1388

halbstandardisierte Interviews höhere Anforderung an den Interviewer und sind kompli-
zierter in der Durchführung als standardisierte Interviews.[11] Da beispielsweise das Gespräch weitestgehend durch den Interviewten gelenkt wird, kann es leicht zu Abschweifungen vom Thema kommen. Hierbei liegt es in der Verantwortung des Forschenden im
richtigen Moment einzugreifen und mithilfe des Leitfadens zurück zur eigentlichen Frage zu gelangen, ohne dabei den Befragten zu unterbrechen oder ihn zu einer bestimmten
Antwort zu drängen.

Wie die Fragen für ein Interview formuliert werden können, wird im folgenden Unterkapitel mithilfe des Leitfadens dieser Einsendeaufgabe, welcher in den Anlagen zu finden ist, gezeigt. Neben den Hauptfragen werden ebenfalls die jeweiligen Nebenfragen
erläutert und begründet.

1.2 Die Fragen des Interviews

Das Interview setzt sich aus sechs Leitfadenfragen zusammen, die während des Gespräches unbedingt gestellt werden müssen. Falls der Befragte zu einer Frage keine Antwort
geben kann oder der Inhalt der Antwort zu allgemein ist, stehen Nebenfragen als Hilfestellung zur Verfügung. Zu jeder Nebenfrage gibt es Stichwörter, die als Orientierung
für den Interviewer dienen, aber auch Denkanstöße für den Interviewten darstellen.
Grundlage für die Ausformulierung der Fragen ist die vorangegangene Operationalisierung des Konstrukts „Kundenbindung bei Zeitungen" von Rogall[12]. Hierbei wird das
Konstrukt in die Dimensionen habituelle Mediennutzung, Variety Seeking, Kundenzufriedenheit, soziale & ökonomische Wechselhemmnisse und Produktfunktionen unter-
teilt, welche grundlegend an der Kundenbindung beteiligt sind. Die Dimensionen werden dann in Kategorien segmentiert, die wiederum ebenfalls in Indikatoren aufgeteilt
werden. Aus einer Dimension wird im Leitfaden eine Hauptfrage formuliert, während
die Kategorien in Nebenfragen und die Indikatoren in Stichwörter umgewandelt werden.

Die Frage nach der habituellen Mediennutzung soll die Faktoren herausstellen, welche
das Lesen einer Zeitung zur Gewohnheit machen. Der Interviewte kann sich in seiner
Antwort auf das Design der Zeitung oder den Nutzen, den diese für ihn hat, beziehen.

---

[11] Vgl. Schnell/Hill/Esser (2018), S. 353
[12] Vgl. Rogall (2000), S. 150-151

Interessant könnte auch das Muster sein, nach dem der Leser die Zeitung konsumiert, wie beispielsweise bestimmte Angewohnheiten beim Lesen. Wenn die Faktoren klar sind, können sie dazu genutzt werden, den Leser unauffällig aber gezielt an die Zeitung zu gewöhnen und ihn zugleich daran binden, indem sie habituell genutzt wird, sodass der Einsatz anderer Methoden, wie zum Beispiel Werbung, die meist eher als nervig empfunden wird, minimiert werden kann.

Die Frage zur Dimension des Variety Seeking beschäftigt sich mit dem Phänomen, dass Menschen oftmals das Eine haben wollen, was sie nicht besitzen. Wenn also ein Nutzer einer Abonnementzeitung eigentlich vollkommen zufrieden mit seinem derzeitigen Produkt ist, warum würde er sich dann nach weiteren, ähnlichen Zeitungen umsehen? Hier soll unteranderem festgestellt werden, ob sich der Leser mehr Abwechslung wünscht, weil er sich vielleicht durch sein jetziges Abonnement gelangweilt fühlt und deswegen eher Neuerscheinungen ausprobieren möchte. Dabei ist es ebenfalls von Interesse herauszufinden, welche Konkurrenzmedien, aus welchen Gründen genutzt werden. Mithilfe dieser Informationen kann man den Reizen nach Variety Seeking effektiv entgegenarbeiten, um den Zeitungsabonnenten als Kunden nicht zu verlieren. Die Informationen können ebenfalls dafür genutzt werden, um Kunden anderer Zeitungen zu gewinnen.

Die Kundenzufriedenheit stellt eine weitere Dimension dar und soll, wie der Begriff schon erahnen lässt, die Zufriedenheit des Kunden bestimmen. Dabei soll der Interviewte auf seine Zufriedenheit mit der gesamten Zeitung oder mit Teilen der Zeitung eingehen. Solch eine Rezension kann maßgeblich dazu dienen, das Produkt stetig zu verbessern, indem auf konstruktive Kritik eingegangen und gemeinsam mit den Kunden nach Lösungswegen gesucht wird. Auf diese Weise fühlt sich der Leser miteinbezogen und geschätzt, was wiederum zur Kundenbindung beiträgt.

Die folgenden beiden Dimensionen beziehen sich auf mögliche soziale und ökonomische Wechselhemmnisse, die die Kunden von Abonnementzeitungen haben könnten, wenn sie ihr laufendes Abonnement kündigen und zu einer anderen Zeitung wechseln möchten. Anders als bei berechenbaren ökonomischen Faktoren, kann das soziale Umfeld Einflüsse ausüben, die für die Zeitungshersteller unberechenbar und unkontrollierbar sind. So kann beispielsweise die Nutzung einer bestimmten Zeitung als Familientradition gelten oder mit der Region, in der man lebt, assoziiert werden, wodurch das Wechseln zu anderen Medien möglicherweise ausgeschlossen wird. Diese Faktoren kann eine Zeitung zwar nicht beeinflussen, jedoch können die Informationen für nachfolgende Studien oder Themen von Bedeutung sein. Mit den ökonomischen Einflüssen sind unteranderem die finanziellen Aspekte gemeint, wie der Preis der Zeitung oder das Preis-Leistungsverhältnis. Diese Einflüsse können jedoch von den Zeitungsherstellern manipuliert werden, sodass man potenzielle Kunden durch Rabattaktionen zum Wechseln überzeugt. Auf der anderen Seite kann die Information zu ökonomischen Wechselhemmnissen ebenso dazu eingesetzt werden, um bereits bestehende Kunden vom Wechsel abzuhalten. So greifen Telefonanbieter oftmals auf großzügige Treuvorteile oder Angebote zurück, wenn ein Kunde das Abonnement kündigen möchte.

Die letzte Frage bezieht sich auf die Produktfunktionen und -eigenschaften. Der Befragte kann hier die verschiedenen Funktionen aufzählen und bewerten, die die Zeitung für ihn erfüllt. Des Weiteren sollen die charakterisierenden Eigenschaften des Produkts beschrieben und beurteilt werden. Hierzu können ebenfalls die Eigenschaften aufgezählt werden, die eine Zeitung im Allgemeinen immer erfüllen sollte. Die Beurteilung kann sich zum Beispiel auf die Übersichtlichkeit, Handhabbarkeit oder Glaubwürdigkeit beziehen. Durch die Bewertung der Produktfunktionen und -eigenschaften kann ein Feedback erstellt werden, sodass Stärken erkannt und Schwächen minimiert werden.

1.3 Ablauf einer empirischen Untersuchung

Nachdem die Bedeutung hinter den Fragen des Interviews verdeutlicht wurde, kann nun das Vorgehen in einer empirischen Untersuchung erläutert werden. Hierzu werden in diesem Unterkapitel die einzelnen Aspekte beschrieben, die in einer empirischen Untersuchung von Bedeutung sind. Die Ausführungen beziehen sich dabei stets auf das Interviewbeispiel der Einsendeaufgabe.

Eine idealtypische empirische Untersuchung beinhaltet vor Beginn der eigentlichen Untersuchung meist die Wahl einer Forschungsfragestellung, eine theoretischen Literaturrecherche zum ausgewählten Thema sowie eine Hypothesenableitung und die Operationalisierung des vorliegenden Konstrukts.[13] Da diese Aspekte jedoch in der Aufgabenstellung miteinbegriffen sind und somit bereits feststehen, werden sie im weiteren Verlauf nicht näher erläutert. Wenn die Operationalisierung des Konstrukts „Kundebindung bei Zeitungen" vorliegt und die Untersuchungsform feststeht, kann mit der Planung der Untersuchung begonnen werden. In diesem Fall ist damit die Konstruktion eines Leitfa-

---

[13] Vgl. Renner/Heydasch/Ströhlein (2012), S. 21

dens für ein halbstrukturiertes Interview gemeint, welcher bereits in den vorangegange-
nen Unterkapitel hinreichend erörtert wurde.

Nach der Ausarbeitung des Leitfadens müssen im nächsten Schritt der Untersuchungs-
planung Interviewpersonen ausfindig gemacht, kontaktiert und letztendlich angeworben
werden.[14] Unabhängig davon, wie die potentiellen Interviewpartner angeworben werden, ist es Voraussetzung, dass sie Rezipienten von Abonnementzeitungen sein müssen.
Wie oben erwähnt, soll nämlich die Kundenbindung bei Abonnementzeitungen ermittelt
werden, was indirekt die Befragung von eben diesen Kunden impliziert. In einem qualitativen Untersuchungsdesign muss eine Stichprobe stets dem Inhalt der Forschungsfrage entsprechen und in der Lage sein, genügend Informationen dazu liefern zu können.
Diese bewusste Art der Fallauswahl sollte fehlerfrei ablaufen, sodass zum Beispiel nie-
mand befragt wird, der für die Beantwortung der Forschungsfrage von geringem Wert
ist, da das Ergebnis sonst unwiderruflich verfälscht wird. Mithilfe von verschiedenen
Sampletechniken kann der Forscher solchen Fehlern vorbeugen.[15] Nähere Ausführungen zur qualitativen Fallauswahl werden in Kapitel 2 gezeigt.

Potentielle Interviewpartner lassen sich entweder auf indirektem oder direktem Wege
finden und kontaktieren. Der indirekte Kontakt kann beispielsweise durch das sogenannte Schneeballsystem erfolgen, bei dem eine Personen angesprochen wird, die die
Informationen dann an andere Personen weitergibt. Diese mündliche Weitergabe kann
solange erfolgen, bis sich ein geeigneter Rezipient von Abonnementzeitungen zurück-
meldet. Dieses Verfahren kann jedoch durch seine Unberechenbarkeit zu einer hohen
Ungleichartigkeit in der Fallauswahl führen, da sehr wahrscheinlich mehrere unter-
schiedliche soziale Milieus erreicht werden.[16] Der direkte Kontakt hingegen kann sich
durch verschiedenen Recherchestrategien gezielter an bestimmte Personengruppen rich-
ten. So kann man beispielsweise über das Internet nach aktiven Zeitungsabonnenten
suchen, indem man auf gewissen Foren für Zeitungen oder auf Homepages von Zeitungsherstellern die Nutzer direkt kontaktiert. Des Weiteren kann man Suchanzeigen in
verschiedenen Druckmedien aufgeben oder bei Zeitungsmessen und -ständen die Besu-
cher direkt ansprechen.[17]

Hat man dann die potentiellen Interviewpartner ausfindig gemacht, muss man als Forscher ersten Kontakt suchen. Die Erstkontaktaufnahme kann entweder telefonisch,

---

[14] Vgl. Kruse (2014), S. 255
[15] Vgl. Misoch (2019), S. 199-200
[16] Vgl. Kruse (2014), S. 255
[17] Vgl. Kruse (2014), S. 257

schriftlich per Brief oder Face-to-Face erfolgen. Hierbei gilt: der erste Eindruck zählt. Ein vorformulierter Text mit allen wichtigen Informationen zum Interview und dessen Thema, sollte daher unbedingt für das erste Gespräch vorbereitet werden, damit der Befragte weiß für wen das Interview durchgeführt wird, was das Ziel der Untersuchung ist, warum ausgerechnet er für das Interview von Interesse ist, welche Erwartungen man an ihn hat und was mit seinen Daten passiert.[18]

Nachdem die Phase der Kontaktaufnahme nun abgeschlossen ist, folgt die Phase des Gesprächseinstiegs. Hierbei soll sich der Interviewte an die Situation gewöhnen und Vertrauen zum Interviewer aufbauen, sodass eine positive Gesprächsbasis entstehen kann. Am ehesten wird dieses Ziel durch einen Smalltalk erreicht oder durch Fragen, die das Interesse des Interviewten hinsichtlich zum Thema wecken sollen. In dieser Phase sollte man außerdem die Gelegenheit ergreifen sich einander vorzustellen und sich ausdrücklich für die Zeit des Befragten zu bedanken. Einleitend zum Interview wird dann nochmals das Thema und die Zielsetzung erklärt, die geschätzte Dauer des Interviews vorausgesagt und die Nutzung der Daten geschildert. Das Ende der Eröffnungsphase muss mit einer deutlichen Ankündigung des Interviewstarts verdeutlicht werden. Bei der Durchführung des Interviews kann sich der Interviewer nun an dem Leitfaden orientieren und das Gespräch bei inhaltlichen Abschweifungen, wenn nötig zum Thema zurückführen.[19] Dabei darf jedoch der offene Gesprächsraum des Befragten nicht zu stark eingeschränkt werden, da diese Fremdsteuerung die subjektiven Antworten der Person beeinflussen könnte.[20] Wenn alle Leitfadenfragen gestellt wurden und das Interview beendet werden soll, kann man dem Befragten noch Zeit für mögliche Rückfragen oder Anmerkungen geben.[21] Das offizielle Ende wird durch die Unterzeichnung der Datenschutzerklärung und einer höflichen Verabschiedung markiert.

Den letzten Aspekt einer empirischen Untersuchung bilden die Auswertung und Interpretation der erhobenen Daten. In diesem Fall bietet sich eine Transkription der Tonaufnahmen an, bei der die akustischen Informationen verschriftlicht werden. Hierbei werden im ersten Schritt alle Antworten markiert, damit sie danach in Kategorien eingeordnet werden können. Im dritten Schritt werden logische Verbindungen zwischen diesen Kategorien hergestellt und anschließend in einem weiteren Schritt verschriftlicht.

---

[18] Vgl. Kruse (2014), S. 258-259
[19] Vgl. Reinhardt (2015), S. 21-22
[20] Vgl. Kruse (2014), S. 258-267
[21] Vgl. Reinhardt (2015), S. 22

Danach folgt die Erstellung einer Auswertung, die aus einem Text und Interviewaus-schnitten besteht, sodass am Ende im letzten Schritt ein Bericht verfasst werden kann.[22]

2 Aufgabe C2: Die qualitative Fallauswahl

Um den Stichprobenbegriff verstehen zu können, muss dieser im folgenden Unterkapi-tel 2.1 erst definiert werden. Unterkapitel 2.2 befasst sich dann im engeren Sinne mit der qualitativen Stichprobe und den spezifischen Verfahren. In Unterkapitel 2.3 werden dann als Vergleich, die Unterschiede zu repräsentativen Stichprobeverfahren aufgeführt.

2.1 Die Definition der Stichprobe

Sowohl qualitative als auch quantitative Forschungsansätze arbeiten bei der Datenerhe-bung mit einer Auswahl von Fällen, also Stichproben. Diese werden in der qualitativen Forschung als Fallauswahl und in der quantitativen Forschung als Stichprobenziehung bezeichnet. Damit eine Stichprobe überhaupt erstellt werden kann, muss sie als Teil-menge aus der Gesamtheit aller potentiellen Untersuchungsobjekte, auch Grundgesamt-heit genannt, gezogen werden. Hierbei kann sich der Forscher prinzipiell zwischen einer Vollerhebung und einer Teilerhebung entscheiden. Der Unterschied besteht darin, dass mit der Vollerhebung alle Fälle untersucht werden, während bei der Teilerhebung nur eine Stichprobe von Fällen ausgewählt wird. Die Vollerhebung wird eher bei einer klei-nen Gesamtheit potentieller Fälle eingesetzt, wie bei Mitarbeitern in einem Unterneh-men. Sobald der Forscher jedoch weiß, dass die Grundgesamtheit unendlich groß ist, nicht komplett bekannt ist, durch die Untersuchung negativ beeinflusst wird oder in der Durchführung zu aufwändig wäre, kann eine Vollerhebung nicht stattfinden.[23]
Teilerhebungen oder eben Strichprobenuntersuchungen sind hingegen schneller und kostengünstiger durchzuführen, weswegen sie der Vollerhebung auch meistens vorge-zogen werden. Jede Stichprobe zeichnet sich durch ihre Art und ihren Umfang aus. Bei der Stichprobenart kann man zwischen zufallsgesteuerten und nicht-zufallsgesteuerten Auswahlmethoden unterscheiden, wobei die zufällige Auswahl für quantitative Unter-suchungen und die nicht-zufällige Auswahl für qualitative Untersuchungen geeignet ist.

---

[22] Vgl. Mühlfeld et al. (1981), S. 336
[23] Vgl. Döring/Bortz (2016), S. 292-293

Hingegen bestimmt der Stichprobenumfang die Aussagekraft einer Studie und wird entweder erst im Laufe der Untersuchung endgültig benannt oder bereits im Vorfeld festgelegt. Fällt eine Stichprobe zu klein oder zu groß aus, wird dieser Umstand Auswirkungen auf die Genauigkeit haben. Diese Abweichungen werden im sogenannten Stichprobenfehler ausgedrückt.[24]

Bei der Ziehung der Stichprobe lassen sich drei Phasen unterscheiden: die Stichprobenkonstruktion, die Rekrutierung und die Stichprobenerhebung. In der ersten Phase, der Phase der Konstruktion, wird die Art, der Umfang und der Plan der Stichprobe ermittelt. Hier stehen methodische Fragen im Hinblick auf die Aussagekraft der Stichprobe im Fokus. Nach der Konstruktion werden dementsprechend die potentiellen Untersuchungsobjekte rekrutiert und abschließend in der Erhebungsphase befragt. Die Rekrutierung sollte sich an praktischen und organisationsfreundlichen Zielen orientieren, sodass schnell und kostengünstig ausreichend Untersuchungsobjekte angeworben werden.[25]

2.2 Die qualitative Stichprobe

Die qualitative Stichprobe ist Teil des oben besprochenen Interviews und wurde daher bereits kurz erwähnt. In diesem Unterkapitel soll jedoch genauer auf die Definition der qualitativen Fallauswahl eingegangen werden.

Qualitative Studien fokussieren sich bei der Datenerhebung stets auf einen einzigen Fall zur selben Zeit, wodurch insgesamt ein hoher Arbeitsaufwand entsteht, der sich nur bei kleinen Stichproben als forschungsökonomisch tragbar erweist. Das Ziel ist eine auf Interpretationen beruhende, detaillierte Rekonstruktion jedes einzelnen Falls.[26] Hierbei wird die Stichprobe mithilfe einer bewussten und nicht-zufallsgesteuerten Auswahlmethode gezogen, weil nur so in der Grundgesamtheit nach bestimmten Merkmalen, die für die Forschungsfrage wichtig sind, gesucht werden kann. Abhängig vom Ziehungsverfahren kann sich eine Stichprobe besonders im Vorgehen und in der Zusammensetzung unterscheiden. Eine bewusste Stichprobenziehung erfolgt in der qualitativen Forschung entweder durch ein Bottom-up-Verfahren, bei dem die Kriterien für eine Stichprobe im Verlauf der Untersuchung bestimmt werden, oder durch ein Top-down-Verfahren, das die Ziehungskriterien bereits vor Beginn der Untersuchung determiniert.

---

[24] Vgl. Döring/Bortz (2016), S. 294
[25] Vgl. Döring/Bortz (2016), S. 296-297
[26] Vgl. Döring (2017), S. 1627

Unabhängig vom gewählten Verfahren kann sich der Forscher bei der Stichprobenauswahl zwischen einer homogenen oder heterogenen Zusammensetzung der Fälle entscheiden, was bedeutet, dass die Fälle entweder gleichartig oder unterschiedlich sind.[27] Damit nun eine bewusste Stichprobe gezogen werden kann, sollte der Forscher sich zwischen den beiden obigen Verfahren entscheiden. Die theoretische Stichprobenziehung beruht auf dem Bottom-up-Verfahren und stellt die Erste von zwei praktischen Strategien beim Vorgehen dar. Hierbei wird nach einer ersten Fallanalyse im Laufe des Untersuchungsprozesses stets nach weiteren Fällen gesucht, die sich in ihren Einflussfaktoren ähneln oder unterscheiden, bis eine theoretische Sättigung erreicht ist und aus neuen Fällen keine weiteren Einflussfaktoren mehr resultieren.[28] Die Fallauswahl kann jedoch auch über einen vorabfestgelegten Stichprobenplan erfolgen, sodass nach dem Top-down-Verfahren gearbeitet wird. Die Fälle werden dabei durch bereits festgelegte Merkmalskategorien ausgewählt.[29]

Außerdem gibt es noch vier willkürlich zusammengesetzte Stichprobeverfahren der qualitativen Forschung, nämlich das Schneeballprinzip, die Gelegenheitsstichprobe, die Quotenstichprobe und die Selbstselektionsstichprobe. Das Schneeballverfahren funktioniert nach dem Prinzip der mündlichen Weitergabe und eignet sich bei einer schwer zugänglichen Grundgesamtheit. Wenn man eine Person zur Teilnahme an der Untersuchung befragt hat, bittet man sie darum anderen Personen davon zu erzählen. Dadurch werden schnell mehrere potentielle Untersuchungsobjekte erreicht, was sich positiv auf die Forschungsökonomie auswirkt. Andererseits kann so die Stichprobe verzerrt werden, da man keine Kontrolle darüber hat, an welche Personen weitergegeben wird. Wenn eine Grundgesamtheit leicht verfügbar ist, kann man auf die Gelegenheitsstichprobe zurückgreifen, welche jedoch nur für Vorstudien eingesetzt werden sollte, da sie durch die inkonsistente Personenauswahl eine geringe Reliabilität aufweist.[30] Das dritte Stichprobeverfahren ist die Quotenstichprobe, bei der einzelne Merkmalsverteilungen vorgegeben werden, damit die Verhältnisse in der Grundgesamtheit hinsichtlich dieses Merkmals dargestellt werden können. Sie kann auch dazu dienen, um für die Fragestellung auf eine inhaltsschwere Stichprobe zu fokussieren. Das letzte willkürliche Verfahren, nachdem eine Stichprobe gezogen werden kann, ist die Selbstselektionsstichprobe.

---

[27] Vgl. Hussy/Schreier/Echterhoff (2013), S. 194-195
[28] Vgl. Hussy/Schreier/Echterhoff (2013), S. 195; Kruse (2014), S. 253
[29] Vgl. Kruse (2014), S. 253
[30] Vgl. Misoch (2019), S. 207

Hier bewirbt der Forscher die Teilnahme in öffentlichen Medien, worauf sich Personen melden können und aus denen dann die Stichprobe gewählt wird.[31]

2.3 Das repräsentative Stichprobeverfahren

Das komplette Gegenstück zur qualitativen Stichprobe ist die repräsentative Stichprobe, welche in diesem Unterkapitel näher erläutert werden soll. Die unterscheidenden Hauptfaktoren sind dabei zum einen die Erkenntnisziele und zum anderen die Auswahlmethoden. „Erheben Untersuchungen den Anspruch, Aussagen über die gesamte Gesellschaft zu leisten, wird Repräsentativität vorausgesetzt."[32]

Anders als qualitative Stichproben, die das Ziel einer detaillierten Rekonstruktion jedes einzelnen Falls verfolgen, sollen repräsentative Stichproben idealerweise eine exakte, wesentlich kleinere Kopie der Grundgesamtheit darstellen (siehe Anlage 2 in Anlagen) und im Rahmen von großen populationsbeschreibenden quantitativen Studien eingesetzt werden. Das Verhältnis zwischen der Stichprobe und der Grundgesamtheit wird dabei durch die Repräsentativität angegeben, welche aufzeigt, wie die Merkmale der Stichprobe die Merkmale der Grundgesamtheit widerspiegeln. Hierbei kann man zwischen merkmalsspezifisch-repräsentativen und global-repräsentativen Stichproben unterscheiden. Während die merkmalsspezifisch-repräsentative Stichprobe in ihrem Aufbau mit einem Teil der Merkmale der Grundgesamtheit überstimmen muss, wird bei der global-repräsentativen Stichproben auf die Übereinstimmung aller Merkmale geachtet. Anzumerken ist an dieser Stelle, dass die Repräsentativität nicht die wissenschaftliche Qualität der gesamten Studie gewährleisten kann, sondern sich nur auf das Stichproben-Grundgesamtheit-Verhältnis bezieht.[33]

Den zweiten Faktor bildet die Auswahlmethode. Eine repräsentative Stichprobe wird nicht durch ein gezieltes, sondern durch ein zufälliges Auswahlverfahren erstellt. Es ist zu beachten, dass bei diesem Vorgehen jedes Individuum in der Grundgesamtheit die gleichen Chancen auf eine Stichprobenauswahl haben und die vollständige Anzahl dieser Gesamtheit bekannt sein muss. Während bei gezielten qualitativen Stichproben die Grundgesamtheitszusammensetzung bekannt sein muss, ist dies bei der Zufallsauswahl nicht erforderlich.[34] Außerdem können nicht-zufallsgesteuerte Stichproben keine Aus-

---

[31] Vgl. Döring (2017), S. 1628
[32] Atteslander (2010), S. 66
[33] Vgl. Döring/Bortz (2016), S. 297-300
[34] Vgl. Mayer (2013), S. 61-62

sagen über die externe Validität der Merkmalsverteilung einer Grundgesamtheit machen.[35]

3 Aufgabe C3: Die Inhaltsanalyse

Die Inhaltsanalyse wird in der Psychologie als empirische Methode zur Analyse von Textinhalte, wie beispielsweise einer Interviewaufzeichnung genutzt. Deswegen soll in diesem Kapitel näher auf die Inhaltsanalyse eingegangen werden. Dafür werden in Unterkapitel 3.1 die qualitative und quantitative Inhaltsanalyse erläutert und miteinander verglichen, indem die Unterschiede und die jeweiligen Anwendungsfelder aufgeführt werden. Danach richtet sich der Fokus in Unterkapitel 3.2 auf die qualitative Inhaltsanalyse, wo die Grundbegriffe und der Ablauf erklärt werden. Abschließend soll die Notwendigkeit einer qualitativen Inhaltsanalyse anhand von zwei Praxisbeispielen diskutiert werden.

3.1 Quantität versus Qualität

Die Diskussion um die Begriffsbestimmung der Inhaltsanalyse ist zu komplex und groß geworden, dass sie in diesem Kapitel vollkommen erfasst werden kann. Deswegen beschränken sich die folgenden Ausführungen auf die generelle Unterscheidung zwischen qualitativer und quantitativer Inhaltsanalyse. Definierend kann der Begriff der Inhaltsanalyse als eine Methode zur geplanten Beschreibung kommunikativer Inhalte bezeichnet werden.[36] Die Unterschiede zwischen den beiden Formen der Inhaltsanalyse werden im Folgenden ausgeführt.

3.1.1 Unterschiede

Im breiteren Sinne kann man die Formen der Inhaltsanalyse durch ihre Vorgehensweisen unterscheiden, da hier zum einen induktiv und zum anderen deduktiv gearbeitet

---

[35] Vgl. Döring (2017), S. 1628
[36] Vgl. Früh (2017), S. 29

wird. Die qualitative Inhaltsanalyse wird vor allem durch ein induktives Vorgehen charakterisiert, bei dem man vom Einzelfall auf das Allgemeine schließen kann. Mithilfe von datengesteuerter Kodierung, einem Auswertungsverfahren, das bestimmte Aspekte kommunikativer Inhalte in Kategorien einordnet, wird die Bedeutung hinter den Dokumenten deutlich gemacht. Die quantitative Inhaltsanalyse hingegen wird besonders durch ein deduktives Vorgehen charakterisiert, wo man vom Allgemeinen auf den Einzelfall schließt und damit das Gegenstück zur Induktion bildet. Anstatt datengesteuert zu sein, basiert die quantitative Inhaltsanalyse auf theoretischer Logik und einem vollstandardisierten Kategoriensystem, wodurch formale und inhaltliche Besonderheiten von Dokumenten erschlossen werden.[37] Demnach setzt die qualitative Inhaltsanalyse am Individuellen an und versucht es zu verstehen, während die quantitativ Inhaltsanalyse an Gesetzen ansetzt und sie versucht zu erklären.[38] Diese Unterscheidung ist jedoch nicht immer zutreffend, da sowohl qualitative als auch quantitative Inhaltsanalysen theoriebasiert-deduktiv oder eben datenbasiert-induktiv arbeiten können.[39]

Die Unterschiede müssen also im engeren Sinne betrachtet und mithilfe von drei weiteren Kriterien aufgezeigt und erklärt werden. Das erste Kriterium ist die Begriffsbestimmung, auf dessen Basis der Begriff der Qualität mit dem Begriff der Quantität verglichen werden kann. Das zweite Kriterium befasst sich mit der Art und Weise, wie die Daten gemessen und mit welchen Skalen sie interpretiert werden. Das letzte Kriterium bezieht die Stichprobenauswahl eines Untersuchungsdesigns mit ein und unterscheidet die Formen der Inhaltsanalyse in Abhängigkeit zu qualitativen und repräsentativen Stichproben.[40]

Angefangen mit dem ersten Kriterium, kann grob gesagt werden, dass sich die quantitative Inhaltsanalyse mit nummerischen, oftmals quantitativen Daten befasst, während sich die qualitative Inhaltsanalyse auf alle anderen Arten der Mitteilung oder Kommunikation bezieht,[41] wie zum Beispiel Texte, Bilder oder Videoaufzeichnungen. Ob qualitativ oder quantitativ lässt sich ebenfalls anhand der folgenden Skalenniveaus herausstellen: Nominalskala, Ordinalskala, Intervallskala und Ratio-Skala. Wie oben bereits festgestellt wurde, bezieht sich die quantitative Inhaltsanalyse auf Zahlen und daher auf die Ordinalskala, mit der Rangordnungen beschrieben werden, die Intervallskala, welche beispielsweise den Intelligenzquotienten bestimmt, und die Ratio-Skala, mit der

---

[37] Vgl. Döring/Bortz (2016), S. 541
[38] Vgl. Mayring (2015), S. 19
[39] Vgl. Döring/Bortz (2016), S. 541
[40] Vgl. Mayring (2015), S. 17-20
[41] Vgl. Mayring (2015), S. 17

numerische Daten wie das Alter und die Zeit angegeben werden. Die Nominalskala ist hingegen bei qualitativen Inhaltsanalysen gebräuchlich, bei der es nicht um Zahlenwerte, sondern um Ausprägungen geht, welche sich nur durch Logik gegenseitig ausschließen können, so wie bei Fragen zum Geschlecht.[42] Das letzte Kriterium unterscheidet die beiden Formen der Inhaltsanalyse auf der Grundlage des Forschungsinteresses. Abhängig davon, ob ein Forscher an der Beschreibung eines Einzelfalls oder dem Allgemeinen interessiert ist, wird er sich für seine Untersuchung zwischen einer qualitativen und einer repräsentativen Stichprobe entscheiden müssen. Entscheidet sich der Forscher für die Ziehung einer qualitativen Stichprobe, sollten die Daten anschließend durch eine qualitative Inhaltsanalyse ausgewertet werden, da hierbei, wie bereits erwähnt, am Individuellen angesetzt wird. Verfolgt der Forscher jedoch die Erklärung des Allgemeinen und zieht eine repräsentative Stichprobe, werden die gesammelten Daten meist mithilfe einer quantitativen Inhaltsanalyse ausgewertet.[43]

3.1.2 Anwendungsfelder

Die quantitative und qualitative Inhaltsanalysen lassen sich außerdem durch die jeweiligen Anwendungsbereiche differenzieren. Hierbei spielt das jeweilige Wissenschaftsverständnis der beiden Formen eine besondere Rolle, da die Wahl zwischen einem deduktiven und einem induktiven Vorgehen oftmals vom Forschungsinteresse abhängt.

Ein klassisches Anwendungsbeispiel der qualitativen Inhaltsanalyse ist die Hypothesenfindung, mit der gegenstandsrelevante Faktoren aufgezeigt und miteinander in potenzielle Verbindungen gebracht werden können. Eine anschließende Theorienbildung ist auf Grundlage der Hypothesenfindung ebenfalls möglich. Ein weiteres Anwendungsfeld stellt die Pilotstudie dar. Diese Untersuchung dient als uneingeschränkte Vorarbeit zum eigentlichen Projekt und soll alle wichtig erscheinenden Faktoren für die Erhebung und Auswertung zusammenfassen. Die qualitative Inhaltsanalyse kann hier bei der Konstruktion und Verbesserung der Kategorien und Forschungsinstrumente behilflich sein.[44] Generell sind alle Arten von qualitativen Studien offen für die Arbeit mit qualitativen Inhaltsanalysen. So können zum Beispiel, wie oben in Kapitel 1 bereits festgestellt wurde, die Ergebnisse eines Leitfadeninterviews mithilfe der qualitativen Inhaltsanalyse

---

[42] Vgl. Friedrichs (1973), S. 98; Mayring (2015), S. 18-19
[43] Vgl. Mayring (2015), S. 20
[44] Vgl. Mayring (2015), S. 22-23

ausgewertet werden. Einzelfallstudien sind ebenfalls für die Anwendung qualitativer Analysen geeignet, weil sich diese gleichermaßen am Individuellen fokussiert. Ein Teil der Datenauswertung ist die Klassifizierung des Datenmaterials, wobei eine strukturierte Ordnung unter den Ergebnissen geschaffen wird. Auch hier können qualitative Inhaltsanalysen zum Einsatz kommen.[45]

Die quantitative Inhaltsanalyse arbeitet im Gegensatz zur qualitativen Inhaltsanalyse datenbasiert-induktiv und eignet sich daher eher für quantitative Untersuchungen. Beispielsweise kann in der politischen Kommunikation durch quantitatives Vorgehen gezeigt werden, wie Parteien mit ihren Wählern kommunizieren oder wie über politische Themen berichtet wird. Auch bei Forschungsfragen zu Themen wie Gewalt und Minderheiten, können die quantitativen inhaltsanalytischen Befunde dafür eingesetzt werden, um zum Beispiel herauszustellen wie in den Medien über Gewalttaten und Minderheiten berichtet wird.[46] Des Weiteren lassen sich auch Texte und Autoren einander durch quantitative Inhaltsanalysen zuordnen, indem häufige Übereinstimmungen von Wortarten oder Begriffen gemessen werden, die den Schreibstil des jeweiligen Autoren kennzeichnen. Generell können quantitative Inhaltsanalysen zur systematischen Untersuchung von einzelnen Textaspekten oder spezifischen Fragestellungen eingesetzt werden.[47]

3.2 Die qualitative Inhaltsanalyse

Nachdem nun die Unterschiede zwischen den beiden Formen der Inhaltsanalyse erläutert wurden, soll in diesem Unterkapitel der Fokus nur auf die qualitative Inhaltsanalyse gelegt werden.

3.2.1 Grundbegriffe und Ablauf

Bei der Anwendung der qualitativen Inhaltsanalyse sind die folgenden drei Grundbegriffe der Reihe nach aufzugreifen: die Einheiten, die Kategorien und das Codieren.

---

[45] Vgl. Mayring (2015), S. 23-24
[46] Vgl. Journalistik.Eichstätt (2019)
[47] Vgl. Döring/Bortz (2006), S. 150-151

Diese Begriffe müssen in den Ablauf der Inhaltsanalyse miteinfließen und bearbeitet werden. Welche Bedeutung ihnen zukommt wird im nächsten Abschnitt dargestellt.

Beginnend mit den Einheiten, beziehen sich diese auf die Auswahleinheit, welche den Einschluss oder Ausschluss von Objekten aus einer Studie bestimmt und die Analyseeinheit, mit der die Art des Einbezugs angegeben wird. Die Auswahleinheit wird durch ein Auswahlverfahren aus der Grundgesamtheit gezogen und kann somit auch als eine physische Einheit bezeichnet werden. Die Analyseeinheiten sind stets von der Auswahleinheit abhängig. Ist die Auswahleinheit zum Beispiel eine Zeitung, so sind die darin enthaltenden Artikel die Analyseeinheiten.[48]

Eine eindeutige Definition des Grundbegriffes „Kategorie" ist, in Anbetracht der vielen unterschiedlichen Verwendungen in verschiedensten wissenschaftlichen und nichtwissenschaftlichen Kontexten, schwierig zu formulieren. Im inhaltsanalytischen Zusammenhang beschreibt man mit einer Kategorie eine Klasse von mehreren ähnlichen Kommunikationsmerkmalen.[49] Es lassen sich vier Hauptarten von Kategorien unterscheiden, die für eine Inhaltsanalyse wichtig sind. Die erste Art sind die Fakten-Kategorien, welche sich auf objektive Sachverhalte beziehen. Thematische Kategorien kennzeichnen bestimmte Themen oder Argumente und mit evaluativen Kategorien bewertet man die Daten. Die letzte Hauptart sind die analytischen Kategorien, die durch eine akribische Datenanalyse durch den Forscher gebildet werden.[50] Alle Kategorien zusammen, bilden ein sogenanntes Kategoriensystem, welches entweder als eindimensionale Liste, als Hierarchie oder als Netzwerk formiert sein kann. Zeitgleich mit der Erstellung des Kategoriensystems sollten die Kategorien definiert werden, welche eine inhaltliche Beschreibung, ein Anwendungsbeispiel und die Abgrenzung zu anderen Kategorien enthalten.[51]

Der letzte Grundbegriff ist das Codieren, unter dem man die Codiereinheit und den Codierer zusammenfasst. In der qualitativen Inhaltsanalyse beschreibt die Codiereinheit eine Textstelle, die mit einer gewissen Kategorie in Verbindung steht.[52] Die Codierer haben hier die Aufgabe, die Kategorien den Textstellen zuzuordnen. Dafür brauchen sie hinreichende Kenntnisse über die Fragestellung, die theoretischen Konstrukte und die Kategorienbedeutung, welche sie meist durch sogenannte Codierertrainings erlangen.[53]

---

[48] Vgl. Kuckartz (2016), S. 30
[49] Vgl. Früh (2017), S. 44
[50] Vgl. Kuckartz (2016), S. 34
[51] Vgl. Kuckartz (2016), S. 38-40
[52] Vgl. Kuckartz (2016), S. 41
[53] Vgl. Kuckartz (2016), S. 44

Mit der Erläuterung der Grundbegriffe kann nun der Ablauf einer qualitativen Inhalts-analyse besprochen werden. Alle empirischen Forschungen beginnen grundsätzlich mit der Formulierung der Forschungsfrage, gehen dann über zur Datenerhebung und enden mit der Datenanalyse. Das generelle Ablaufschema (siehe Abbildung 1) beginnt mit der Textarbeit, gefolgt von der Kategorienbildung, der Codierung, einer anschließenden Analyse und der abschließenden Ergebnisdarstellung. Dabei muss diese Reihenfolge nicht unbedingt eingehalten werden, sondern kann abhängig von der Forschungsfrage geändert werden. Der Ablauf besteht demnach eher aus fünf Methodenbereichen anstatt aus fünf Ablaufpunkten. Das besondere an einem qualitativen inhaltsanalytischen Ab-lauf ist die Rolle der Forschungsfrage, welche sich stets umformulieren lässt und als leitende Orientierung für den gesamten Analyseprozess gilt.[54]

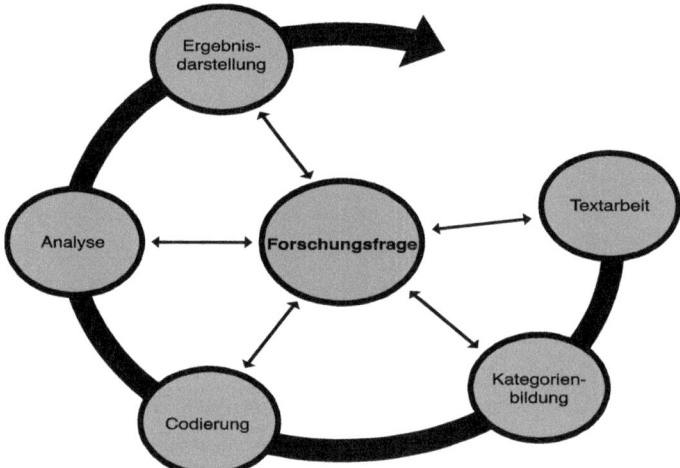

Abbildung 1: Generelles Ablaufschema qualitativer Inhaltsanalysen. (Quelle: Kuckartz (2016), S. 45.)

3.2.2 Die Notwendigkeit einer qualitativen Inhaltsanalyse für die Praxis

Neben den theoretischen Erklärungen und Definitionen zur qualitativen Inhaltsanalyse, die in den vorherigen Unterkapiteln aufgearbeitet wurden, sollte die Auswertungsme-thode ebenfalls von einem praktischen Standpunkt aus hinsichtlich ihrer Notwendigkeit betrachtet und ergründet werden.

---

[54] Vgl. Kuckartz (2016), S. 45-46

Die erstmalige Notwendigkeit einer Inhaltsanalyse in den Sozialwissenschaften ist auf das Verlangen nach einem Verfahren zur Bewältigung großer Datenmengen zurückzuführen. Hierfür hat man zunächst nur ein quantitatives Analyseverfahren entwickelt, welches jedoch bereits nach kurzer Zeit viel Kritik bezüglich der unkontrollierten interpretativen Textanalyse erfahren hat. Der Fokus der quantitativen Inhaltsanalyse liegt nämlich stärker auf numerischen Daten, sodass nicht viele Möglichkeiten zur Interpretation von Texten oder anderen nicht-numerischen Daten bleibt. An diesem Kritikpunkt setzt die qualitative Inhaltsanalyse an und verbindet die bereits bestehenden Grundformen der Textinterpretation mit den ebenfalls bereits bestehenden inhaltsanalytischen Regeln, sodass die Ergebnisse wissenschaftlich nachvollziehbar werden. Eine regelgeleitete qualitative Analysearbeit ermöglicht sogar eine darauffolgende quantitative Inhaltsanalyse.[55] Die Notwendigkeit nach den Techniken der qualitativen Inhaltsanalyse ist ebenfalls an den folgenden beiden Praxisbeispielen zu erkennen.

Im Rahmen einer Untersuchung zum „Konflikterleben von Ärztinnen und Ärzten im Krankenhaus" von Jurkat, Vollmert und Reimer (2003) wurden standardisierte Interviews durchgeführt und anschließend mithilfe einer qualitativen Inhaltsanalyse ausgewertet. Es hat sich herausgestellt, dass Konflikte bezüglich eigener Bedürfnisse vor allem durch Verwaltungsaufwand, Zeitdruck, Überstunden und beruflicher Zukunftsgedanken entstehen.[56] Die Daten des Interviews sind anschließend in einer qualitativen Inhaltsanalyse bearbeitet worden. Auf der Grundlage dieses qualitativen Datenmaterials konnte ein erweitertes Kategoriensystem erstellt werden, welches zu einem Ergebnis geführt hat.[57] Eine weitere Untersuchung: „Anforderungen und Nutzen eines kassenorientierten Krankenhausmanagements aus der Sicht der gesetzlichen Krankenversicherung – Ergebnisse einer qualitativen Studie", von Hansen, Lütticke und Pfaff (2004) hatte 14 leitende Mitarbeiterinnen und Mitarbeiter einer gesetzlichen Krankenversicherung in einem Leitfadeninterview nach den Anforderungen und Nutzen eines kassenorientierten Krankenhausmanagements befragt und die Ergebnisse anschließend durch eine zusammenfassende Inhaltsanalyse ausgewertet.[58] Diese Technik der qualitativen Inhaltsanalyse soll die großen Datenmengen reduzieren, damit nur die untersuchungsrelevanten Inhalte bestehen bleiben und am Ende zusammengefasst werden können.[59]

---

[55] Vgl. Mayring (2010), S. 601-602
[56] Vgl. Jurkat/Vollmert/Reimer (2003), S. 213-214
[57] Vgl. Jurkat/Vollmert/Reimer (2003), S. 218
[58] Vgl. Hansen/Lütticke/Pfaff (2004), S. 222
[59] Vgl. Hansen/Lütticke/Pfaff (2004), S. 224

Bei beiden Untersuchungen ist der Ausgangspunkt für die Wahl eines qualitativen Vorgehens das Forschungsinteresse gewesen. Der Schwerpunkt liegt in der Ermittlung von themenbezogenen Informationen, die die Teilnehmer während der Interviews aussprechen, sodass man diese Daten anschließend mit Blick auf die Forschungsfrage interpretieren kann. So wie die qualitative Form der inhaltsanalytischen Auswertung, legen auch solche und ähnliche qualitative Untersuchungen ihren Fokus stark auf Textverständnis und Textinterpretation. Hingegen legt die quantitative Inhaltsanalyse eher Wert auf eindeutige Inhalte und Daten.[60]

Anlagen

Anlage 1: Der Leitfaden

Projekt: Kundenbindung bei Abonnementzeitungen

Interview-Leitfaden für ausgewählte Rezipienten von Abonnementzeitungen

---

Begrüßung und Einleitung

Bevor wir mit dem Interview beginnen, möchte ich mich recht herzlich für Ihre Teilnahme bedanken und die Gelegenheit nutzen noch einmal kurz zu erklären, warum ich Sie heute eingeladen habe. Ich studiere zurzeit Psychologie an der SRH Fernhochschule und habe nun die Aufgabe im Rahmen einer Einsendeaufgabe die Kundenbindung bei Abonnementzeitungen zu ermitteln. Hierfür werden wir in einem gemeinsamen Gespräch Ihre subjektive und ehrliche Meinung in Bezug auf Abonnementzeitungen herausstellen und Ihre persönlichen Gründe für einen Kauf hervorheben.

Im Verlauf des Interviews werde ich Ihnen offene Fragen stellen, das heißt, dass Sie einen gewissen Freiraum bei der Beantwortung haben und somit ruhig alles sagen können, was Ihnen zur Frage einfällt und was Sie als relevant empfinden. Sie steuern unser Gespräch. Falls Ihnen zu einem Thema keine Antwort einfallen sollte, werde ich versuchen Ihnen Denkanstöße mithilfe von Nebenfragen und spezifischen Stichwörtern zu geben. Ich werde Sie während des Gesprächs weder unterbrechen noch werde ich Ihre

---

[60] Vgl. Kuckartz (2016), S. 26

22

Antwort werten. Lassen Sie sich für die individuelle Beantwortung der Fragen ruhig Zeit. Das Interview wird ungefähr 50 Minuten dauern.

Ich kläre Sie nochmals abschließend darüber auf, dass ich das gesamte Interview auf einem Tonband aufnehmen werde, um es im Nachhinein zu verschriftlichen, sodass ich mich während unserer Unterhaltung voll und ganz auf Sie konzentrieren kann und den Gesprächsfluss nicht durch wiederholte Notizen stören muss. Die Tonaufnahme wird selbstverständlich nicht an Dritte weitergegeben, anonymisiert und lediglich für die Auswertung des Interviews verwendet. Sobald diese Auswertung beendet ist, wird die Aufnahme vernichtet. Falls Sie sich damit einverstanden erklären, würde ich Sie darum bitten am Ende die vorgefertigte Einverständniserklärung zu unterzeichnen.

Formaler Teil

Name:
Ort, Datum:
Geschlecht:
Berufliche Tätigkeit:
Beginn:
Ende:

Spezieller Teil

Dimension 1: Habituelle Mediennutzung

Hauptfrage:
Haben Sie schon einmal eine Zeitung einfach aus Gewohnheit gelesen? Welche Faktoren haben Ihrer Meinung nach dazu beigetragen?

Nebenfrage (Hilfestellung):
Gewöhnen Sie sich an die Struktur oder die Gestaltung einer Zeitung?
Spielt die Art und Weise, wie oder wozu Sie die Zeitung nutzen, eine Rolle?

Stichwörter: schnellere Informationsfindung; Vermissen der Zeitung im Tagesablauf; Zeitungslesen als Gewohnheit; Umgewöhnungsdauer bei Produktwechsel

Nach welchem Muster konsumieren Sie eine Zeitung?

Stichwörter: bestimmte Lesereihenfolge, -rubriken, -abschnitte, -orte, -zeiten; Nichtlesen bestimmter Teile; Wunsch nach schnellerem Überblick

Ziel:

Es ist wichtig herauszustellen, welche Faktoren besonders von Bedeutung sind, damit sich ein Leser an eine Zeitung gewöhnt und diese folglich auch habituell nutzt. Auf diese Faktoren lässt sich dann gezielt hinarbeiten.

Dimension 2: Variety Seeking

Hauptfrage:

Angenommen, Sie lesen derzeitig eine bestimmte Zeitung, mit der Sie auch sehr zufrieden sind. Würden Sie sich dann dennoch nach weiteren, ähnlichen Zeitungen umsehen?

Nebenfrage (Hilfestellung):

Treibt Sie der Wunsch nach Abwechslung zum Variety Seeking?

Stichwörter: Langweile durch Langzeitabonnement; täglich neue Informationen/Nachrichten; Ausprobieren von Neuerscheinungen

Nebenfrage (Hilfestellung):

Welche Konkurrenzmedien würden Sie nutzen (und warum)?

Stichwörter: Bezug weiterer Zeitung/Probeabonnements; Nutzung anderer Medien

Ziel:

Es ist ein bekanntes Phänomen, dass Menschen meistens etwas haben wollen, allein aus dem Grund, weil sie es nicht besitzen. Indem festgestellt wird, warum zufriedene Nutzer der *Zeitung A* zu *Zeitung B* wechseln, kann man den Gründen effektiv entgegenarbeiten, um den Nutzer als Kunden nicht zu verlieren.

Dimension 3: Kundenzufriedenheit

<u>Hauptfrage:</u>

Wie zufrieden sind Sie als Kunde und Nutzer ihrer aktuellen Abonnementzeitung?

<u>Nebenfrage (Hilfestellung):</u>

Wie zufrieden sind Sie insgesamt oder mit Teilen der Zeitung?

Stichwörter: Globalzufriedenheit; partielle Zufriedenheit

<u>Ziel:</u>

Die Zufriedenheit der Kunden bestimmen.

Dimension 4: Soziale Wechselhemmnisse

<u>Hauptfrage:</u>

Stellen Sie sich vor, Sie möchten Ihr laufendes Zeitungsabonnement kündigen und zu einer anderen Zeitung wechseln. Werden Sie dadurch möglicherweise auf Missgunst in Ihrem sozialen Umfeld stoßen?

<u>Nebenfrage (Hilfestellung):</u>

Liegt die Nutzung von bestimmten Medien in Ihrer Familientradition?

Stichwörter: Abo als Familientradition

<u>Nebenfrage (Hilfestellung):</u>

Spielt Ihre Region eine Rolle bei der sozialen Bindung an bestimmte Zeitungen/Medien?

Stichwörter: Zeitung als Verbindung zur Region; Zeitung als Symbol für die Region; Zeitungslesen als gesellschaftliche Partizipation

<u>Nebenfrage (Hilfestellung):</u>

Werden Sie bei der Medienwahl von Ihrem sozialen Umfeld beeinflusst?

Stichwörter: Abonnement im Freundeskreis üblich; Gefahr, ohne Zeitung benachteiligt zu sein; Gefahr, ohne Zeitung als ungebildet zu gelten

Ist Ihnen die Lokalpolitik besonders wichtig?

Stichwörter: Interesse an Lokalpolitik, Engagement in Lokalpolitik

Ziel:

Es soll ermittelt werden, ob und wie sehr unberechenbare soziale Einflüsse Wechselhemmnisse bei Abonnenten auslösen.

Dimension 5: Ökonomische Wechselhemmnisse

Hauptfrage:

Stellen Sie sich erneut vor, dass Sie Ihr Zeitungsabonnement wechseln möchten. Gibt es
ökonomische Faktoren, die Sie von einem Abonnementwechsel abhalten würden?

Nebenfrage (Hilfestellung):

Spielen finanzielle Gründe möglicherweise eine Rolle?

*Stichwörter: Aufwand/Kosten für Abonnementwechsel; Preis der Zeitung kein Wechse-
largument; Beurteilung Preis-Leistungsverhältnis*

Nebenfrage (Hilfestellung):

Sind Sie an Treuevorteilen oder Rabattaktionen interessiert?

Stichwörter: Wunsch nach Treuevorteilen; Wahrnehmung von Treuevorteilen

Nebenfrage (Hilfestellung):

Ist es Ihnen wichtig, dass der Kundenservice auf (potentielle) Beschwerden eingeht?

*Stichwörter: Wichtigkeit von Beschwerdekanälen; Beschwerdeabsichten vor Kündi-
gung; Kenntnis der Beschwerdekanäle*

Ziel:

Es soll ermittelt werden, ob und wie sehr berechenbare ökonomische Faktoren Wechselhemmnisse bei Abonnenten auslösen.

Dimension 6: Produktfunktionen und -eigenschaften

<u>Hauptfrage:</u>

Können Sie mir bitte sagen, welche Funktion eine Abonnementzeitung für Sie hat oder welche Funktionen es für Sie erfüllt? Fallen Ihnen zudem besonders charakterisierende Eigenschaften des Produkts ein?

<u>Nebenfrage (Hilfestellung):</u>

Wie beurteilen Sie die verschiedenen Funktionen der Zeitung?

Stichwörter: Informationsfunktion; Orientierungsfunktion; Instrumentelle Funktion; Selektionsfunktion; Kulturfunktion; Integrationsfunktion; Unterhaltungsfunktion

<u>Nebenfrage (Hilfestellung):</u>

Welche Eigenschaften sollten eine Zeitung Ihrer Meinung nach haben?

Wie beurteilen Sie die ausgewählten Eigenschaften der Zeitung?

Stichwörter: Wahrnehmung der Zeitung als Markenartikel; Beurteilung der Zeitung beispielsweise anhand von Übersichtlichkeit, Handhabbarkeit, Ausführlichkeit, Objektivität, Verständlichkeit, Oberflächlichkeit, Lesernähe, Farbigkeit, Interessantheit, Sachlichkeit, Modernität, Optimismus, Glaubwürdigkeit oder Aktualität

<u>Ziel:</u>

Durch die Beurteilung soll ein konstruktives Feedback erstellt werden, sodass Stärken erkannt und Schwächen minimiert werden können.

Schluss

Von meiner Seite aus gibt es nun keine weiteren Fragen mehr. Haben Sie möglicherweise noch Fragen an mich oder noch weitere Anregungen, die Sie gerne besprechen möchten, da Sie im Interview nicht vorkamen?

Ich bedanke mich nochmals herzlich für Ihre Teilnahme an diesem Interview!

Anlage 2: Grundgesamtheit und Stichprobe

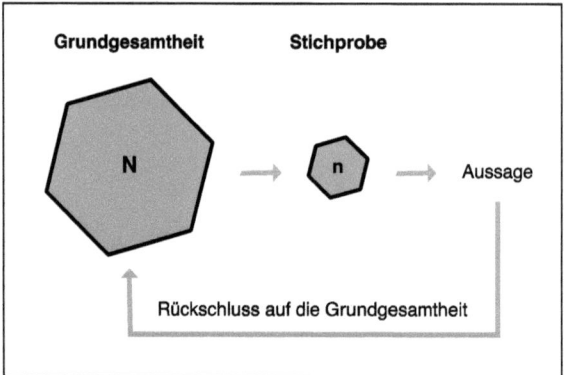

(Quelle: Mayer, H. O. (2013), S. 60, Interview und schriftliche Befragung. Grundlagen und Methoden empirischer Sozialforschung, 6. Aufl., München.)

Literaturverzeichnis

Atteslander, P. (2010), Methoden der empirischen Sozialforschung, 13. Aufl., Berlin.

Döring, N. (2017), Stichprobe. In: Wirtz, M. A., Lexikon der Psychologie, 18. Aufl., Bern, S. 1627-1628.

Döring, N. / Bortz, J. (2006), Forschungsmethoden und Evaluation in den Sozial- und Humanwissenschaften, 4. Aufl., Heidelberg.

Döring, N. / Bortz, J. (2016), Forschungsmethoden und Evaluation in den Sozial- und Humanwissenschaften, 5. Aufl., Heidelberg.

Flick, U. (1999), Qualitative Forschung. Theorie, Methoden Anwendung in Psychologie und Sozialwissenschaften, 1. Aufl., Reinbek.

Friedrichs, J. (1973), Methoden empirischer Sozialforschung, 1. Aufl., Reinbek.

Früh, W. (2017), Inhaltsanalyse. Theorie und Praxis, 9. Aufl., München.

Hansen, H. / Lütticke, J. / Pfaff, H. (2004), Anforderungen und Nutzen eines kassenorientierten Krankenhausmanagements aus der Sicht der gesetzlichen Krankenversicherung – Ergebnisse einer qualitativen Studie. Das Gesundheitswesen, 66. Jg., Nr. 4, S. 222-231.

Hussy, W. / Schreier, M. / Echterhoff, G. (2013), Forschungsmethoden in Psychologie und Sozialwissenschaften für Bachelor, 2. Aufl., Heidelberg.

Jurkat, H. B. / Vollmert, C. / Reimer, C. (2003), Konflikterleben von Ärztinnen und Ärzten im Krankenhaus. Zeitschrift für Psychosomatische Medizin und Psychotherapie, 49. Jg., Nr. 3, S. 213-231.

Kruse, J. (2014), Qualitative Interviewforschung. Ein integrativer Ansatz, 1. Aufl., Basel.

Kruse, J. (2017), Qualitative (Leitfaden-)Interviews. In: Wirtz, M. A., Lexikon der Psychologie, 18. Aufl., Bern, S. 1388-1389.

Kuckartz, U. (2016), Qualitative Inhaltsanalyse. Methoden, Praxis, Computerunterstützung, 3. Aufl., Basel.

Mayer, H. O. (2013), Interview und schriftliche Befragung. Grundlagen und Methoden empirischer Sozialforschung, 6. Aufl., München.

Mayring, P. (2010), Qualitative Inhaltsanalyse. In: Mey, G. / Mruck, K., Handbuch Qualitative Forschung in der Psychologie, 1. Aufl., Wiesbaden, S. 601-613.

Mayring, P. (2015), Qualitative Inhaltsanalyse. Grundlagen und Techniken, 12. Aufl., Basel.

Misoch, S. (2019), Qualitative Interviews, 2. Aufl., Berlin.

Mühlfeld, C. / Windolf, P. / Lampert, N. / Krüger, H. (1981), Auswertungsprobleme offener Interviews. Soziale Welt, 32. Jg., Nr. 3, S. 325-352.

Reinhardt, R. (2015), Interviewtechnik, 2. Aufl., Studienbrief der SRH Fernhochschule, Riedlingen.

Renner, K.-H. / Heydasch, T. / Ströhlein, G. (2012), Forschungsmethoden der Psychologie. Von der Fragestellung zur Präsentation, 1. Aufl., Wiesbaden.

Rogall, D. (2000), Kundenbindung als strategisches Ziel des Medienmarketings: Entwicklung eines marketingorientierten Konzeptes zur Steigerung der Leserbindung am Beispiel lokaler/regionaler Abonnementzeitungen, 1. Aufl., Marburg.

Schnell, R. / Hill, P. B. / Esser, E. (2018), Methoden der empirischen Sozialforschung, 11. Aufl., Berlin.

Westhoff, K. / Strobel, A. (2017), Interview. In: Wirtz, M. A., Lexikon der Psychologie, 18. Aufl., Bern, S. 838-839.

Internetquellen

Journalistik.Eichstätt (2019), Quantitative Inhaltsanalyse – Überblick, https://journalistik.ku.de/methoden/methoden-der-empirischen-sozialforschung/inhaltsanalyse/quantinhaltsanalyse/, abgerufen am 12.11.2019.